Mandalas de bolso

V&R EDITORAS

2.

Título original: Mandalas de bolsillo 2
Tradução: Fabrício Valério
Capa e programação visual: Txell Peiró

www.vreditoras.com.br

Rua Coronel Lisboa, 989 - CEP 04020-041 - Vila Mariana - São Paulo - SP
Tel./Fax: (55-11) 4612-2866 • e-mail: editoras@vreditoras.com.br

ISBN: 978-85-7683-134-1

1ª edição, 2008 | 4ª reimpressão, 2015

Impressão e acabamento: Type Brasil
Impresso no Brasil • Printed in Brazil

Pré, Marie
Mandalas de bolso 2 / Marie Pré; [tradução Fabrício Valério].
Cotia, SP: Vergara & Riba Editoras, 2008.
Título original: Mandalas de bolsillo 2.

ISBN 978-85-7683-134-1

1. Desenhos - Aspectos religiosos 2. Mandala
I. Título.
08-03048
CDD-291.37

Índices para catálogo sistemático:
1. Mandalas: Desenhos sagrados: Religião comparada 291.37

Contém 46 mandalas, tamanho bolso, dos livros de Marie Pré:

Mandalas do Mundo (1) Ásia e Europa

Mandalas do Mundo (2) África, América e Oceania

A mandala é a FORMA mesma da VIDA, do crescimento a partir de um ponto nutritivo que proporciona energia ao conjunto. É a imagem do constante ir e vir entre o interior e o exterior, do movimento vital de todo ser, que oscila entre a expansão e a volta ao centro para encontrar nele a fonte. É a força centrífuga, que estimula a criança a explorar seu próprio "eu", e a força centrípeta, que devolve ao adulto à introspecção.

conselhos e sugestões

A experiência nos mostra que certas regras devem ser respeitadas.

- É uma atividade livre, nunca deve ser imposta.
- Trabalhar à luz do dia ou com boa iluminação.
- Nunca começar outra mandala antes de terminar a anterior.

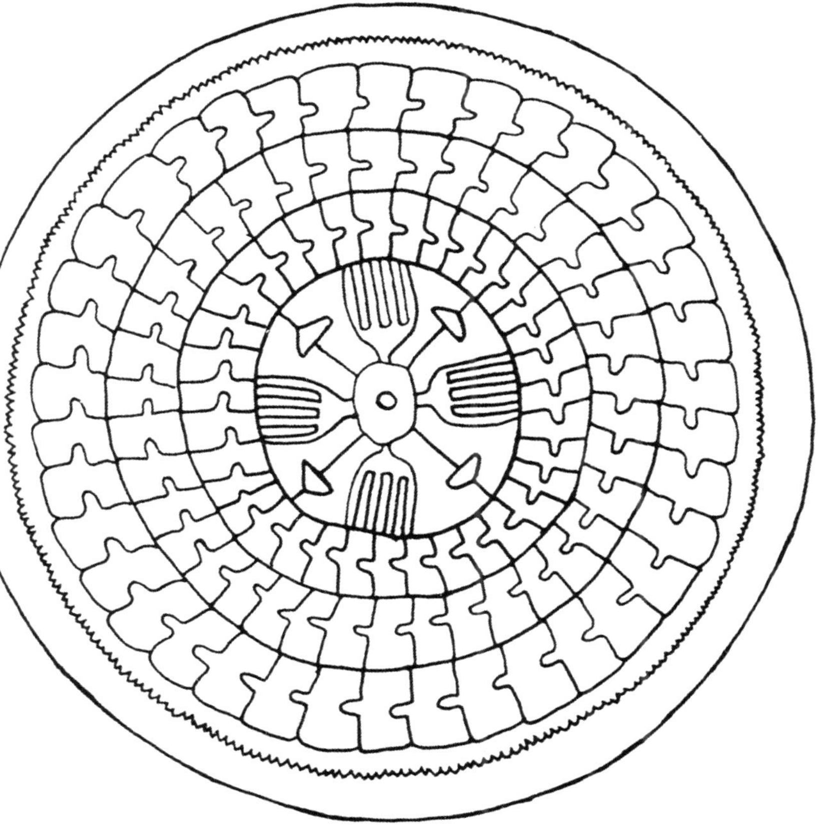

Sua opinião é muito importante!

Mande um e-mail para **opiniao@vreditoras.com.br**
com o título deste livro no campo "Assunto".

Conheça-nos melhor em
www.vreditoras.com.br
facebook.com/vreditorasbr